Il Sup

L'importanza del periodo sensibile e del

Bio-Sensor

Matteo Tofani

INTRODUZIONE

Può sembrare strano, ma non sono solo le capacità che differenziano gli individui, ciò che ci differenzia è dovuto ad una "marcia in più" che alcuni mettono nelle loro prestazioni.

Sembra che chi ottiene una alta performance abbia delle doti nascoste …. in altre parole, quello che ci distingue è l'uso di queste capacità e in che modo si concretizzano.

In vari studi e programmi di selezione su animali si è presupposto che la performance abbia un'origine ereditaria (Charles Darwin, Francis Galton, e altri), ma soltanto da pochi decenni grazie a strumenti statistici più attendibili si possono confrontare risultati ottenuti con metodi scientifici.

ALCUNI STUDI SCIENTIFICI

Clarence Pfaffemberger

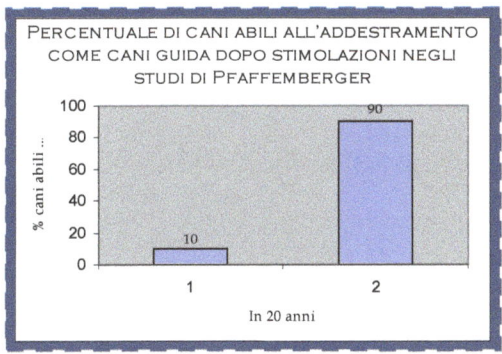

"Il cucciolo con il miglior corredo genetico non può sostenere il confronto con uno correttamente socializzato."

Studio de l 1991 di Cunningham

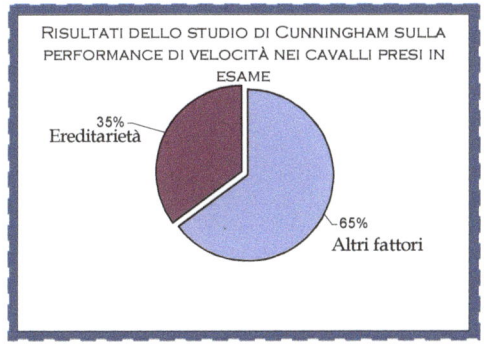

Anche se il lavoro di Cunningham è fatto soprattutto sui cavalli, questo studio può aiutare anche altre tipologie di allevamento per raggiungere un determinato risultato, non basandosi più solo sulla genetica e i pedigree.

Studiando questo fenomeno con la finalità di migliorare le doti naturali sono state provate nuove forme di stimolazioni, alcuni di questi metodi hanno prodotto un effetto di lunga durata.

Oggi, grazie a questi studi, molte differenze nelle prestazioni individuali possono essere spiegate con l'utilizzo di metodi di stimolazione precoce.

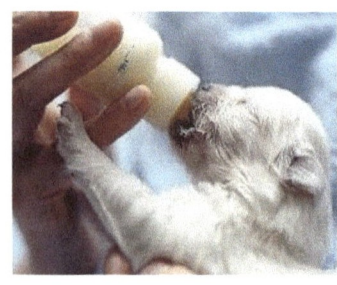

Durante questi studi si è data molta importanza all'età dell'individuo in esame.

Nella letteratura è abbastanza comune l'assunto che per l'uomo come per altre specie animali le esperienze vissute durante l'infanzia abbiano una maggiore influenza sul comportamento d'adulto rispetto a quelle vissute in qualsiasi altro stadio di sviluppo.

Nella seconda metà del secolo scorso, gli studi condotti sul cane hanno ripetutamente confermato questa idea.

Il più famoso di questi, al quale tutt'ora si fa riferimento è quello condotto da *J. P. Scott* nel 1945 (più tardi anche con la collaborazione di J. L. Fuller) al Roscoe B. Jackson Memorial Laboratory a Bar Harbor, nel Maine.

Questi studi portarono a conclusioni a dir poco sorprendenti (all'epoca) e cioè che nelle primissime fasi di sviluppo i cuccioli sono particolarmente sensibili all'influenza dell'ambiente che li circonda e vulnerabili al punto da rimanere psicologicamente traumatizzati in modo permanente!

Ricordiamo che i cuccioli appena nati nascono con gli occhi chiusi, il sistema digestivo ha una capacità limitata perciò è necessaria una stimolazione periodica che la madre fa istintivamente.

A questa età sono capaci soltanto di annusare, succhiare e spostarsi "strisciando". La temperatura corporea non è autonoma, viene gestita avvicinandosi alla madre o agli altri fratelli.

Durante questi primi giorni di vita piuttosto immobili, i cuccioli sono sensibili ad un gruppo di stimoli che includono, la temperatura, il tatto, il movimento e la locomozione.

Gli esperimenti dimostravano come togliendo i cuccioli dalla cucciolata nei primi giorni di vita, causasse l'abbassamento della temperatura corporea, e che questo leggero stress fosse sufficiente per stimolare il sistema ormonale adrenalinico nel cane e negli altri animali.

Una volta cresciuti e raggiunta la maturità i soggetti rivelarono una maggiore tolleranza allo stress.

In un esperimento, dei ratti furono legati e conseguentemente resi incapaci di muoversi.

Ebbene i ratti che non erano stati stimolati svilupparono delle ulcere che invece non si manifestarono nei ratti trattati con le stimolazioni precoci. Altro effetto rilevato fu il raggiungimento precoce dell'età sessuale.

I ratti furono poi testati per stabilire la loro resistenza allo stress, alle malattie e condizioni estreme (lunghi periodi di digiuno e T estreme).

Gli esemplari "stimolati precocemente" si rivelarono più resistenti anche ad alcune forme di cancro e malattie infettive dei ratti non stressati.

Altri studi compiuti su cani e gatti furono portati avanti con successo utilizzando l'elettroencefalogramma per misurare l'attività del cervello ai cambiamenti emotivi, stress, tensione muscolare, cambiamenti nella respirazione.

I risultati indicarono che i cuccioli assoggettati alle stimolazioni maturavano più velocemente ed ottenevano punteggi più alti in test di "problem-solving".

Questi esperimenti non hanno però prodotto informazioni specifiche su quanto stress fosse ottimale e necessario per produrre soggetti psicologicamente e fisiologicamente superiori.

Mostrarono invece che lo stesso stress può essere troppo per un animale e poco per un altro, e che troppo stress può ritardare lo sviluppo. I ricercatori comunque concordarono che lo stress provocato in giovanissima età aveva un notevole valore.

L'*esercito USA* sviluppò agli inizi degli anni '70 un programma che divenne poi conosciuto come "super dog".

Dopo molti anni di ricerca i militari scoprirono che queste stimolazioni che chiameremo precoci (early stimulation) producevano dei risultati importanti e duraturi.

Gli studi portati avanti dall'esercito confermarono che vi sono dei periodi durante i quali queste stimolazioni producono dei risultati ottimali.

Il primo periodo inizia dal terzo giorno di vita e si estende fino al sedicesimo; un periodo di rapido sviluppo neurologico.

> *Il programma non può cambiare la genetica, né ha mai preteso di farlo*

Queste stimolazioni causano una partenza precoce del sistema neurologico aumentandone le capacità

> L'ABITUAZIONE A LUNGO TERMINE PORTA AD UNA PERDITA DELLE SINAPSI, MENTRE ALLA SENSIBILIZZAZIONE SEGUE UN LORO AUMENTO.
> L'EFFETTO DELL'ESPERIENZA CAUSA LA MODIFICA DELLE SINAPSI
> +ESPERIENZA= +SINAPSI E VICEVERSA.

Ma attenzione: la sovra-stimolazione può causare problemi patologici.

Le stimolazioni

Sono state identificate tre categorie di stimolazioni che influiscono nel futuro dell' animale:

- Il primo denominato stimolazione neurologica precoce (Bio-sensor);
- Il secondo socializzazione;
- Il terzo ed ultimo periodo nel processo di crescita e sviluppo si chiama periodo di arricchimento.

BIO-SENSOR

Oltre trent'anni di esperienza dell'esercito USA, dimostrano che se eseguite correttamente le stimolazioni producono:

- Una corteccia cerebrale più forte;
- Un numero superiore di connessioni neuronali che invece di morire, come normalmente avviene, diventano permanenti per effetto del lavoro successivo che viene fatto sui cuccioli;
- Una migliore prestazione del sistema cardiovascolare;
- Ghiandole adrenaliniche più forti;
- Maggiore resistenza allo stress e conseguentemente una maggiore capacità di adattamento all'ambiente e a nuove situazioni;
- Maggiore resistenza alle malattie.

Le stimolazioni sono le seguenti:

1. STIMOLAZIONE TATTILE;
2. CUCCIOLO TENUTO IN POSIZIONE VERTICALE A TESTA IN SU;
3. CUCCIOLO TENUTO IN POSIZIONE VERTICALE A TESTA IN GIÙ;
4. CUCCIOLO TENUTO IN POSIZIONE SUPINA;
5. STIMOLAZIONE TERMICA.

Vanno eseguite per un minimo di 3 e un massimo di 5 sec ciascuno 1 volta al giorno

STIMOLAZIONE TATTILE

Tenendo il cucciolo con una sola mano, la persona lo stimola in maniera gentile tra le dita di un arto con un piccolo cotton-fioc. Non è necessario vedere se il cucciolo sente qualcosa.

Cucciolo tenuto in posizione verticale a testa in su

Utilizzando entrambi le mani, il cucciolo viene tenuto perpendicolare al suolo.

Cucciolo tenuto in posizione verticale a testa in giù

Mantenendo il cucciolo in sicurezza, con entrambi le mani, il cucciolo viene girato verso il basso.

Cucciolo tenuto in posizione supina

Mantenere al cucciolo di modo che rimanga riposato in entrambi le mani e il suo muso puntando al soffitto.

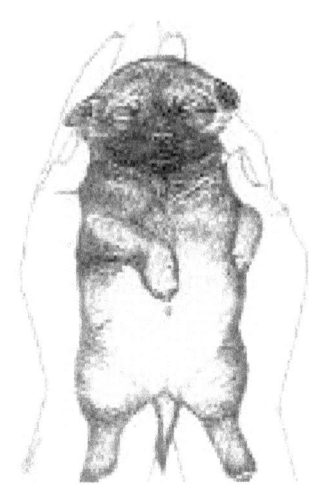

STIMOLAZIONE TERMICA

Utilizzando un asciugamano inumidito e freddo (almeno 5 minuti di frigo)

Si stende l'asciugamano su un piano rigido, appoggiando il cucciolo senza restringerlo nei movimenti.

Questi esercizi "neurologici" non sostituiscono le normali attenzioni che si danno ai cuccioli tutti i giorni: carezze, giochi, ecc.

Potrà sembrare esagerato parlare di cani "super-intelligenti" ma non è così.

M. Fox nel suo "Understanding your dog" illustra come con l'ausilio di test di laboratorio sia stato possibile riscontrare un incremento delle sinapsi e della dimensione del cervello conseguente ad esperienze moderatamente stressanti.

L'aver definito i cuccioli "super" e "più intelligenti" sembra aver destato scalpore

SOCIALIZZAZIONE

Studi sulla socializzazione confermano che il periodo critico per gli umani (infanti), generalmente va dalle 3 settimane ai dodici mesi di età.

Per il cane il periodo è molto più corto e va dalla 4 settimana alla sedicesima.

Una carenza di socializzazione generalmente diventa, in futuro, un comportamento inaccettabile producendo aggressione, eccesso, paure, comportamento sessuale non adeguato e indifferenza verso gli altri.

ARRICCHIMENTO

L'arricchimento è la somma di esperienze positive.

Gli studi di Scott e Fuller affermano che i cuccioli non arricchiti quando si dava loro la possibilità di scegliere preferivano rimanere nel canile, mentre altri fratelli di cucciolata con piccoli quantitativi di stimolazione esterna tra la quinta e l'ottava settimana di vita erano più curiosi e attivi.

Quando le porte dei canili si lasciavano aperte, questi cuccioli uscivano per primi e gli altri rimanevano indietro, in atteggiamento timoroso a tutto quello che non fosse famigliare e preferivano non curiosare.

CONCLUSIONI

Gli allevatori e gli educatori possono ora ricavare i vantaggi di queste informazioni per migliorare le proprie cucciolate o incrementare le capacità del cane ricordando che la genetica contribuisce alla definizione del carattere per una certa percentuale, l'ambiente per il resto.

INDICE

Introduzione   1

Alcuni studi scientifici   2

Le stimolazioni   10

BIO-SENSOR   11

Stimolazione tattile   13
Cucciolo tenuto in posizione
verticale a testa in su   14
Cucciolo tenuto in posizione
verticale a testa in giù   15
Cucciolo tenuto in posizione supina   16
Stimolazione termica   17

SOCIALIZZAZIONE   19

ARRICCHIMENTO   20

Conclusioni   22